Anneke's First Day at School: And Other Bilingual Dutch-English Stories for Kids

Pomme Bilingual

Published by Pomme Bilingual, 2024.

ANNEKE'S FIRST DAY AT SCHOOL: AND OTHER BILINGUAL DUTCH-ENGLISH STORIES FOR KIDS

First edition. July 10, 2024.

Copyright © 2024 Pomme Bilingual.

ISBN: 979-8227091345

Written by Pomme Bilingual.

Table of Contents

Anneke's Eerste Schooldag..1

Anneke's First Day at School..5

De Fantastische Reis van Schaap Sammy...............................9

The Fantastic Journey of Sheep Sammy 13

De Magische Fiets van Roefie 17

Roefie's Magical Bicycle...21

De Gouden Wortel van Felix..25

Felix's Magical Carrot 29

De Stranddag van Bram en de Zandmonster.......................33

Bram's Beach Day and the Sand Monster 39

De Fantastische Vondst van Bart de Avonturier 43

Bart the Adventurer's Fantastic Find 47

De Winderige Picknick Avonturen van Pepijn en Pippa 51

The Windy Picnic Adventures of Pepijn and Pippa 55

Anneke's Eerste Schooldag

—

Op een zonnige ochtend in het kleine dorpje Heksendorp, sprong een klein meisje met krullend rood haar en heldergroene ogen uit bed. Dit was geen gewone ochtend, want vandaag was het de eerste schooldag van Anneke op de Heksenschool. Anneke was een kleine heks, maar niet zomaar een heks. Haar magie was anders, unieker, en soms, een beetje onvoorspelbaar.

"Anneke, ontbijt is klaar!" riep haar moeder vanuit de keuken. Anneke glipte snel in haar paarse jurk met gouden sterren en rende naar beneden. De tafel was gedekt met haar favoriete heksenpannenkoeken, die gloeiende bosbessen en stroop hadden die veranderde van kleur. Anneke at snel en haastte zich naar buiten, waar haar bezem stond te wachten.

"Succes, lieverd!" zei haar moeder en gaf haar een kus op haar voorhoofd. "Denk eraan, wees jezelf en laat je magie stralen."

Anneke glimlachte en stapte op haar bezem. Ze voelde de wind in haar haar toen ze opstegen, op weg naar de school die hoog in de wolken lag.

Bij aankomst op de Heksenschool, keek Anneke om zich heen. De school was een groot kasteel met torens die reikten tot in de hemel. Overal waren andere heksen en tovenaars, groot en klein, die spraken over hun zomeravonturen en toverspreuken die ze hadden geleerd. Anneke voelde een lichte kriebel van zenuwen in haar buik.

"Welkom, nieuwe leerlingen!" riep een stem. Anneke draaide zich om en zag een lange, oude heks met een vriendelijke glimlach. "Ik ben Juf Luna, en ik zal jullie vandaag rondleiden."

Juf Luna leidde de nieuwe heksen door de gangen van de school. Anneke zag klassen waar leerlingen leerden vliegen, potions maakten, en spreuken oefenden. Alles was zo opwindend! Maar Anneke voelde zich nog steeds een beetje anders.

"En dit," zei Juf Luna, "is de Grote Zaal, waar jullie elke dag jullie lunch zullen hebben." De Grote Zaal was gevuld met lange tafels en prachtige kroonluchters die in de lucht zweefden. Anneke kon de geur van heerlijke magische gerechten al ruiken.

Tijdens de lunch ontmoette Anneke een paar andere eerstejaars. Er was Sofie, een verlegen meisje met een bril die groot genoeg was voor een uil, en Jasper, een jongen die altijd lachte en grapjes maakte. Ze praatten over hun eerste indrukken van de school en hun verwachtingen.

"Ik ben zo zenuwachtig over de eerste les," zei Sofie zachtjes. "Wat als ik de spreuken niet goed kan doen?"

"Maak je geen zorgen," zei Jasper vrolijk. "We zullen het samen doen, toch, Anneke?"

Anneke knikte, blij met haar nieuwe vrienden. Maar diep vanbinnen wist ze dat haar magie anders was. Ze hoopte dat ze het niet zou verpesten.

De eerste les was Toverdranken, gegeven door Professor Brom. Hij was een strenge, maar eerlijke tovenaar met een lange baard en een scherpe blik. "Vandaag gaan we een simpele transformatiepotie maken," zei hij. "Volg de instructies nauwkeurig."

Anneke begon zorgvuldig de ingrediënten te verzamelen: drakenadem, maanlichtdruppels, en een vleugje eenhoornstof. Ze mengde alles volgens de instructies, maar toen ze haar toverstok gebruikte om het te activeren, gebeurde er iets onverwachts. In plaats van een gouden gloed, begon haar potie te sprankelen en veranderde in een regenboogkleurige substantie.

"Wat is dit?" vroeg Professor Brom streng, terwijl hij naar Anneke's potie keek. "Dit is niet zoals het hoort."

Anneke voelde haar wangen rood worden. "Sorry, professor, mijn magie is... een beetje anders."

Professor Brom keek haar diep in de ogen en glimlachte toen onverwachts. "Wel, soms is anders goed. Probeer het opnieuw, maar deze keer, geloof in jezelf."

Anneke nam een diepe ademhaling en probeerde het opnieuw. Dit keer mengde ze haar ingrediënten met meer zelfvertrouwen en focus. Toen ze haar toverstok gebruikte, straalde de potie een perfecte gouden gloed uit. De klas applaudisseerde, en Anneke voelde zich trots.

Na de les voelde Anneke zich beter. Ze begon te begrijpen dat haar magie anders was, maar dat het juist iets bijzonders was. De rest van de dag verliep soepel, en Anneke genoot van de lessen en haar nieuwe vrienden.

Aan het eind van de dag, toen ze naar huis vloog op haar bezem, voelde Anneke de zon ondergaan en de sterren opkomen. Ze wist dat ze op de juiste plek was, en dat haar eerste schooldag een magisch begin was van vele avonturen.

Anneke's First Day at School

On a sunny morning in the small village of Witchend, a little girl with curly red hair and bright green eyes jumped out of bed. This was no ordinary morning, for today was Anneke's first day at Witch School. Anneke was a little witch, but not just any witch. Her magic was different, unique, and sometimes, a bit unpredictable.

"Anneke, breakfast is ready!" called her mother from the kitchen. Anneke quickly slipped into her purple dress with golden stars and ran downstairs. The table was set with her favorite witch pancakes, which had glowing blueberries and syrup that changed colors. Anneke ate quickly and rushed outside, where her broomstick was waiting.

"Good luck, dear!" said her mother, giving her a kiss on the forehead. "Remember, be yourself and let your magic shine."

Anneke smiled and stepped onto her broomstick. She felt the wind in her hair as they took off, heading towards the school that was high up in the clouds.

Upon arriving at Witch School, Anneke looked around. The school was a large castle with towers that reached into the sky. Everywhere were other witches and wizards, big and small, talking about their summer adventures and spells they had learned. Anneke felt a slight flutter of nerves in her stomach.

"Welcome, new students!" called a voice. Anneke turned and saw a tall, old witch with a friendly smile. "I am Miss Luna, and I will be showing you around today."

Miss Luna led the new witches through the halls of the school. Anneke saw classes where students were learning to fly, making potions, and practicing spells. Everything was so exciting! But Anneke still felt a bit different.

"And this," said Miss Luna, "is the Great Hall, where you will have your lunch every day." The Great Hall was filled with long tables and beautiful chandeliers floating in the air. Anneke could already smell the delicious magical dishes.

During lunch, Anneke met a few other first years. There was Sophie, a shy girl with glasses big enough for an owl, and Jasper, a boy who always laughed and made jokes. They talked about their first impressions of the school and their expectations.

"I am so nervous about the first class," Sophie said softly. "What if I can't do the spells right?"

"Don't worry," Jasper said cheerfully. "We'll do it together, right, Anneke?"

Anneke nodded, happy with her new friends. But deep down, she knew her magic was different. She hoped she wouldn't mess up.

The first class was Potions, taught by Professor Brom. He was a strict but fair wizard with a long beard and sharp eyes. "Today we will make a simple transformation potion," he said. "Follow the instructions carefully."

Anneke began carefully gathering the ingredients: dragon's breath, moonlight drops, and a touch of unicorn dust. She mixed everything according to the instructions, but when she used her wand to activate it, something unexpected happened. Instead of a golden glow, her potion began to sparkle and turned into a rainbow-colored substance.

"What is this?" asked Professor Brom sternly, looking at Anneke's potion. "This is not how it should be."

Anneke felt her cheeks turn red. "Sorry, professor, my magic is... a bit different."

Professor Brom looked deeply into her eyes and then unexpectedly smiled. "Well, sometimes different is good. Try again, but this time, believe in yourself."

Anneke took a deep breath and tried again. This time she mixed her ingredients with more confidence and focus. When she used her wand, the potion emitted a perfect golden glow. The class applauded, and Anneke felt proud.

After the class, Anneke felt better. She began to understand that her magic was different, but that it was something special. The rest of the day went smoothly, and Anneke enjoyed the lessons and her new friends.

At the end of the day, as she flew home on her broomstick, Anneke felt the sun setting and the stars coming out. She knew she was in the right place, and that her first day of school was a magical start to many adventures.

De Fantastische Reis van Schaap Sammy

In een klein dorpje genaamd Grashof, woonde een heel bijzonder schaap genaamd Sammy. Sammy was geen gewoon schaap. Terwijl andere schapen tevreden rond het gras struinden en met hun vrienden praatten, had Sammy een enorme droom. Hij wilde de wereld buiten het weiland zien. Dit was een grote wens voor een schaap dat nooit verder was gegaan dan de schuur aan de rand van het dorp.

Op een dag, toen de zon hoog aan de lucht stond en de lucht vol van de geur van bloemen was, besloot Sammy dat het tijd was om zijn droom waar te maken. "Vandaag is de dag!" riep hij enthousiast terwijl hij met zijn wol schudde. "Vandaag ga ik op avontuur!"

Sammy vertelde zijn beste vriend, een nieuwsgierige konijn genaamd Boris, over zijn plannen. Boris had grote ogen en zijn lange oren stonden rechtop van nieuwsgierigheid. "Een avontuur? Maar waar ga je heen, Sammy?"

Sammy keek naar de horizon en zei: "Ik weet het nog niet precies, Boris, maar ik ga de grote wereld ontdekken. Wil je mee?"

Boris dacht even na, knabbelde aan een wortel en zei toen: "Ik denk dat het wel leuk zou zijn. Maar hoe gaan we überhaupt weg van hier?"

Sammy had een idee. Hij had ooit een oud boek gevonden in de schuur over reizen met een luchtballon. "We kunnen een luchtballon maken!" zei hij opgewonden. Dus de twee vrienden begonnen met hun plan.

Ze verzamelden oude doeken, een grote mand, en een paar touwen die ze in de schuur vonden. Het was hard werken, maar Sammy en Boris waren vastberaden. Na uren zwoegen en zweten, stond daar eindelijk hun eigen luchtballon, knalroze en versierd met bloemen.

"Ik noem hem de Bloemige Luchtballon!" zei Sammy trots. "Wat denk je?"

"Fantastisch!" zei Boris, terwijl hij op de rand van de mand sprongetjes maakte. "Wanneer vertrekken we?"

"Nu meteen!" zei Sammy. "Als we wachten, kunnen we het nooit doen."

Met een beetje magie en veel enthousiasme, stuurden ze de luchtballon de lucht in. Sammy en Boris voelden de wind onder hun voeten en de wereld onder hen worden steeds kleiner. Ze zagen het dorp verdwijnen en de groene velden veranderen in een schitterend uitzicht van bergen en bossen.

"Wow, kijk naar beneden!" riep Boris. "Alles lijkt zo klein en ver weg!"

Sammy lachte. "Ja, en we hebben nog zoveel meer te zien!"

De reis was spannend en vol verrassingen. Ze vlogen over een enorme stad met torenhoge gebouwen en zagen een reusachtige oceaan met golven die glinsterden als diamanten. Ze spotten een groep walvissen die speelse sprongetjes maakten en een kleurrijk circus dat vol met grappige clowns en acrobaten zat.

Op een dag, tijdens hun reis, kwamen ze bij een betoverd bos. De bomen waren groot en glanzend, en de lucht was gevuld met een zoete geur. Sammy en Boris besloten te landen en het bos te verkennen. Terwijl ze door het bos zwierven, ontmoetten ze een pratende eekhoorn genaamd Elly.

"Hallo daar!" zei Elly met een vriendelijke glimlach. "Wat brengt jullie naar ons betoverde bos?"

Sammy vertelde Elly over hun avontuur en hun reis over de wereld. Elly luisterde met grote ogen en zei: "Dit bos is vol geheimen en magie. Maar als jullie willen, kan ik jullie de verborgen schat laten zien die diep in het hart van het bos ligt."

"Een verborgen schat?" zei Sammy opgewonden. "Dat klinkt spannend! Laten we gaan!"

Elly leidde Sammy en Boris naar een oude boom met een deur erin. "Dit is de Toverboom," legde ze uit. "De schat ligt binnenin."

Met een beetje moeite en wat hulp van Elly, openden ze de deur en kwamen terecht in een prachtige kamer vol met glinsterende juwelen, gouden munten, en kleurrijke edelstenen. Maar in het midden van de kamer stond een schitterende kroon met een grote paarse diamant.

"Dit is de kroon van de Sterrenkoning," zei Elly. "Hij brengt geluk en wijsheid aan degene die hem draagt."

Sammy en Boris waren betoverd door de schoonheid van de kroon. "Maar wat moeten we ermee doen?" vroeg Sammy.

"Het is een geschenk voor de dapperen en de nieuwsgierigen," zei Elly. "Neem het mee als herinnering aan je avontuur, maar gebruik het met wijsheid."

Sammy en Boris bedankten Elly en namen de kroon mee in hun luchtballon. Ze vervolgden hun reis met een gevoel van voldoening en een nieuwe nieuwsgierigheid naar wat de wereld nog meer te bieden had.

Na vele avonturen en ontdekkingen keerden ze eindelijk terug naar Grashof. Het dorp was nog steeds hetzelfde, maar Sammy en Boris waren veranderd. Ze waren gegroeid door hun ervaringen en hadden verhalen om te vertellen die nog jaren meegaan.

De Bloemige Luchtballon werd een symbool van hun moed en vriendschap. Sammy had ontdekt dat de wereld groot en prachtig was, en dat zelfs een klein schaap grootse dingen kon bereiken.

En zo eindigde de fantastische reis van schaap Sammy, maar het avontuur leefde voort in zijn hart en in de verhalen die hij de rest van zijn leven vertelde.

The Fantastic Journey of Sheep Sammy

In a small village called Meadowfield, lived a very special sheep named Sammy. Sammy was no ordinary sheep. While other sheep were content wandering around the grass and chatting with their friends, Sammy had a huge dream. He wanted to see the world beyond the meadow. This was a big wish for a sheep who had never gone further than the barn at the edge of the village.

One day, when the sun was high in the sky and the air was filled with the scent of flowers, Sammy decided it was time to make his dream come true. "Today is the day!" he exclaimed excitedly, shaking his wool. "Today I'm going on an adventure!"

Sammy told his best friend, a curious rabbit named Boris, about his plans. Boris's eyes grew wide, and his long ears stood upright in curiosity. "An adventure? But where are you going, Sammy?"

Sammy looked at the horizon and said, "I'm not exactly sure yet, Boris, but I'm going to explore the big world. Do you want to come?"

Boris thought for a moment, nibbled on a carrot, and then said, "I think it sounds fun. But how are we even going to leave here?"

Sammy had an idea. He had once found an old book in the barn about traveling by hot air balloon. "We can make a hot air balloon!" he said excitedly. So the two friends set to work on their plan.

They gathered old cloths, a large basket, and some ropes they found in the barn. It was hard work, but Sammy and Boris were determined. After hours of labor and sweat, their very own hot air balloon was ready, bright pink and decorated with flowers.

"I'm calling it the Flowery Balloon!" Sammy said proudly. "What do you think?"

"Fantastic!" said Boris, bouncing on the edge of the basket. "When do we leave?"

"Right now!" Sammy said. "If we wait, we'll never do it."

With a bit of magic and a lot of enthusiasm, they sent the balloon into the air. Sammy and Boris felt the wind beneath their feet as the world below them grew smaller and smaller. They saw the village disappear and the green fields turn into a dazzling view of mountains and forests.

"Wow, look down!" Boris shouted. "Everything looks so small and far away!"

Sammy laughed. "Yes, and there's so much more to see!"

The journey was thrilling and full of surprises. They flew over a huge city with towering buildings and saw a massive ocean with waves that sparkled like diamonds. They spotted a group of whales leaping playfully and a colorful circus full of funny clowns and acrobats.

One day, during their journey, they came across an enchanted forest. The trees were tall and shimmering, and the air was filled with a sweet fragrance. Sammy and Boris decided to land and explore the forest. As they wandered through, they met a talking squirrel named Elly.

"Hello there!" said Elly with a friendly smile. "What brings you to our enchanted forest?"

Sammy told Elly about their adventure and their journey around the world. Elly listened with wide eyes and said, "This forest is full of secrets and magic. But if you want, I can show you the hidden treasure that lies deep in the heart of the forest."

"A hidden treasure?" Sammy said excitedly. "That sounds thrilling! Let's go!"

Elly led Sammy and Boris to an ancient tree with a door in it. "This is the Magic Tree," she explained. "The treasure lies inside."

With a bit of effort and some help from Elly, they opened the door and found themselves in a stunning room filled with sparkling jewels, golden coins, and colorful gemstones. But in the center of the room stood a magnificent crown with a large purple diamond.

"This is the Crown of the Star King," Elly said. "It brings luck and wisdom to whoever wears it."

Sammy and Boris were enchanted by the beauty of the crown. "But what should we do with it?" Sammy asked.

"It's a gift for the brave and the curious," Elly said. "Take it as a memento of your adventure, but use it wisely."

Sammy and Boris thanked Elly and took the crown back to their balloon. They continued their journey with a sense of fulfillment and a new curiosity about what the world had to offer.

After many adventures and discoveries, they finally returned to Meadowfield. The village was still the same, but Sammy and Boris had changed. They had grown from their experiences and had stories to tell that would last a lifetime.

The Flowery Balloon became a symbol of their courage and friendship. Sammy had discovered that the world was vast and beautiful, and that even a small sheep could achieve great things.

And so ended the fantastic journey of Sheep Sammy, but the adventure lived on in his heart and in the stories he would tell for the rest of his life.

De Magische Fiets van Roefie

In een gezellig dorpje dat bekend stond om zijn kleurrijke bloemen en vriendelijke mensen, woonde een jongen genaamd Roefie. Roefie was een gewone jongen met een buitengewone fantasie. Elke dag verliet hij zijn huis met zijn oude, roestige fiets om rond te rijden en avontuur te beleven. Maar Roefie had altijd gedroomd van iets speciaals – een fiets die echt magisch was.

Op een dag, toen de lente de lucht vulde met een zoete geur van bloesems en de zon scheen met een gouden glans, vond Roefie iets onverwachts. Terwijl hij zijn fiets op de zolder van de schuur aan het repareren was, stuitte hij op een oude, stoffige doos. Hij opende de doos en vond een prachtig versierde fiets die leek te schitteren in het zonlicht.

De fiets had glinsterende, blauwe wielen en een frame dat eruitzag alsof het was gemaakt van sterrenstof. Het stuur was versierd met gouden sterren en de bel was een klein, helder kristal dat je bij elke aanraking een melodieuze klingel hoorde. Roefie's ogen werden groot van verwondering. "Wat een prachtige fiets!" riep hij uit. "Dit moet wel een magische fiets zijn!"

Roefie besloot de fiets een testrit te geven. Terwijl hij op de fiets stapte en de trappers in beweging zette, voelde hij een vreemde, opwindende energie door zijn handen stromen. De fiets begon te trillen en een zachte gloed omhulde hem. Voordat hij het wist, was Roefie de lucht in zwevend, hoger en hoger, totdat hij door de wolken fietste.

Roefie keek om zich heen en zag de wereld onder hem veranderen in een schilderachtig tafereel van bergen, bossen en rivieren. Het was een uitzicht dat hij alleen maar in boeken had gezien. "Dit is fantastisch!" riep Roefie terwijl hij door de lucht zweefde. "Mijn fiets is echt magisch!"

Terwijl Roefie de lucht verkende, merkte hij dat zijn fiets niet alleen hem overal kon brengen, maar ook allerlei magische krachten bezat. Hij ontdekte dat hij met een simpele draai aan de bel van zijn fiets een lichtstraal kon laten schijnen die elke schaduw verdrong. Het hielp hem zelfs om door het donkerste bos te navigeren waar geen zonlicht kwam.

Na een tijdje besloot Roefie zijn magische fiets terug naar de aarde te brengen. Hij landde zachtjes in een veld vol bloemen, waar hij werd begroet door een nieuwsgierige groep dieren: een slimme uil, een vrolijke eekhoorn, en een verlegen konijn.

"Waar komt die schitterende fiets vandaan?" vroeg de uil, terwijl hij zijn kopje scheef hield.

"Het is een magische fiets!" antwoordde Roefie met een brede glimlach. "Kijk, hij kan echt van alles!"

Roefie demonstreerde de kracht van zijn fiets door een regenboog van licht te creëren die de lucht vulde met sprankelende kleuren. De dieren waren betoverd. "Dat is ongelooflijk!" zei de eekhoorn. "Kunnen wij ook een ritje maken?"

Roefie vond het een geweldig idee. Hij liet de dieren één voor één op de fiets klimmen en ze maakten allemaal een ritje in de lucht, elk op hun eigen manier. De uil vloog als een raket door de lucht, de eekhoorn danste van boom naar boom en het konijn maakte een paar bange sprongetjes. Iedereen had plezier en lachte de hele tijd.

Toen het begon te schemeren, wist Roefie dat het tijd was om naar huis terug te keren. "Bedankt voor het avontuur!" zei hij tegen zijn nieuwe vrienden. "Ik moet nu echt gaan. Maar jullie zullen altijd een speciale plaats in mijn hart hebben."

Roefie vloog naar huis en landde in zijn tuin met de magische fiets. Zijn ouders waren erg nieuwsgierig naar zijn avontuur. "Wat een mooie fiets heb je daar, Roefie!" zei zijn moeder. "Waar heb je die gevonden?"

Roefie vertelde hen over zijn avontuur en hoe de fiets magische krachten bezat. Ze luisterden met open mond, maar vonden het moeilijk te geloven. "Het klinkt als een geweldig avontuur," zei zijn vader. "Maar misschien was het gewoon een droom."

De volgende ochtend besloot Roefie de fiets weer te gebruiken. Hij reed naar het dorp en ontdekte dat de fiets nog steeds zijn magische krachten had. Met de fiets kon hij de wolken doorbreken en avonturen beleven die niemand anders in het dorp ooit had meegemaakt.

De kinderen in het dorp waren opgewonden om te horen over Roefie's magische fiets. Ze verzamelden zich elke dag om naar zijn verhalen te luisteren en hem te zien rondrijden op zijn schitterende fiets. Het werd een dagelijkse gebeurtenis, en het dorp kreeg al snel de bijnaam "Het Dorp van de Magische Fiets."

En zo eindigde het verhaal van de magische fiets van Roefie, maar het avontuur leefde voort in de harten van de mensen in het dorp. De fiets werd bewaard in het dorpsmuseum, niet als een gewoon object, maar als een herinnering aan een jongen die de wereld op een magische manier ontdekte en een dorp inspireerde met zijn fantasie en moed.

Roefie's Magical Bicycle

In a cozy little village known for its colorful flowers and friendly people, lived a boy named Roefie. Roefie was an ordinary boy with an extraordinary imagination. Every day he would leave his house with his old, rusty bicycle to ride around and find adventures. But Roefie always dreamed of something special – a bicycle that was truly magical.

One day, when spring filled the air with the sweet scent of blossoms and the sun shone with a golden glow, Roefie found something unexpected. While he was repairing his bike in the barn's attic, he came across an old, dusty box. He opened the box and found a beautifully decorated bicycle that seemed to sparkle in the sunlight.

The bike had shimmering blue wheels and a frame that looked as though it was made from stardust. The handlebars were adorned with golden stars, and the bell was a small, clear crystal that chimed a melodious ring at every touch. Roefie's eyes grew wide with wonder. "What a magnificent bike!" he exclaimed. "This must be a magical bicycle!"

Roefie decided to give the bike a test ride. As he mounted the bike and began pedaling, he felt a strange, exhilarating energy flow through his hands. The bike began to vibrate and a soft glow enveloped him. Before he knew it, Roefie was soaring into the air, higher and higher, until he was cycling through the clouds.

Roefie looked around and saw the world below him transform into a picturesque scene of mountains, forests, and rivers. It was a view he had only seen in books. "This is fantastic!" Roefie shouted as he flew through the air. "My bike is really magical!"

As Roefie explored the sky, he discovered that his bike not only took him anywhere but also had various magical powers. He found that with a simple twist of the bike's bell, he could create a beam of light that dispelled any shadow. It even helped him navigate through the darkest forest where no sunlight could reach.

After a while, Roefie decided to bring his magical bike back to Earth. He landed softly in a meadow full of flowers, where he was greeted by a curious group of animals: a wise owl, a cheerful squirrel, and a shy rabbit.

"Where did that dazzling bike come from?" asked the owl, tilting its head.

"It's a magical bike!" Roefie replied with a broad smile. "Look, it can really do amazing things!"

Roefie demonstrated the bike's power by creating a rainbow of light that filled the air with sparkling colors. The animals were enchanted. "That's incredible!" said the squirrel. "Can we also have a ride?"

Roefie thought it was a great idea. He let the animals take turns riding the bike, each enjoying the ride in their own way. The owl soared through the air like a rocket, the squirrel danced from tree to tree, and the rabbit made a few nervous hops. Everyone had fun and laughed the whole time.

As dusk began to fall, Roefie knew it was time to go home. "Thank you for the adventure!" he said to his new friends. "I really have to go now. But you will always have a special place in my heart."

Roefie flew home and landed in his garden with the magical bike. His parents were very curious about his adventure. "What a beautiful bike you have there, Roefie!" said his mother. "Where did you find it?"

Roefie told them about his adventure and how the bike had magical powers. They listened with their mouths open, but found it hard to believe. "It sounds like a wonderful adventure," said his father. "But maybe it was just a dream."

The next morning, Roefie decided to use the bike again. He rode into the village and discovered that the bike still had its magical powers. With the bike, he could break through the clouds and have adventures that no one else in the village had ever experienced.

The children in the village were excited to hear about Roefie's magical bike. They gathered every day to listen to his stories and watch him ride around on his sparkling bike. It became a daily event, and the village soon earned the nickname "The Village of the Magical Bicycle."

And so ended the story of Roefie's magical bicycle, but the adventure lived on in the hearts of the people in the village. The bike was preserved in the village museum, not as just an ordinary object, but as a reminder of a boy who discovered the world in a magical way and inspired a village with his imagination and courage.

De Gouden Wortel van Felix

In een vrolijk en knus dorpje aan de rand van een betoverend bos, woonde een jonge konijn genaamd Felix. Felix was niet zomaar een konijn. Hij had een bijzondere passie voor wortels en droomde altijd van het vinden van de meest speciale wortel die er was. Hij had al vele wortelsoorten geprobeerd, van knapperige oranje wortels tot zoete paarse, maar er was altijd één wortel die hem ontbrak: de legendarische Gouden Wortel.

Volgens een oud verhaal dat Felix vaak hoorde van de wijze oude uil in het bos, zou de Gouden Wortel verborgen liggen in het diepste deel van het bos en alleen zichtbaar worden voor degene met het puurste hart en de grootste vastberadenheid. Felix was vastbesloten om deze wortel te vinden, niet alleen omdat hij de allerbeste wortel wilde proeven, maar ook omdat hij geloofde dat de wortel iets magisch bezat.

Op een heldere en zonnige ochtend, toen de dauwdruppels nog glinsterden op de bladeren en de vogels vrolijk floten, maakte Felix zich klaar voor zijn avontuur. Hij stopte wat wortels en een fles water in zijn rugzak en trok zijn felgroene avonturiershoed aan. Met een vastberaden blik in zijn ogen stapte hij het bos in.

Het bos was een wonderland vol met kleuren en geluiden. De bomen waren hoog en majestueus, hun takken leken de lucht te kussen, en de bloemen kleurden het pad met allerlei tinten. Felix huppelde vrolijk verder en volgde het kronkelige pad dat dieper het bos in leidde. Hij vroeg zich af waar de Gouden Wortel zou kunnen zijn en of hij het avontuur aan zou kunnen.

Na een tijdje kwam Felix bij een kabbelend beekje. Het water was helder en het klonk als een rustgevende melodie. Terwijl hij even pauzeerde om te drinken, zag hij een schattige eekhoorn die langs het water speelde. De eekhoorn was druk bezig met het verzamelen van noten, maar zodra hij Felix zag, stopte hij en keek nieuwsgierig.

"Hallo!" zei de eekhoorn vrolijk. "Ik ben Kiki. Wat brengt jou hier in ons bos?"

"Ik ben op zoek naar de Gouden Wortel," antwoordde Felix. "Heb jij toevallig iets over deze wortel gehoord?"

Kiki's ogen glinsterden van opwinding. "De Gouden Wortel! Dat is een legende die ik vaak van mijn ouders heb gehoord. Ze zeggen dat hij verborgen ligt in een geheime tuin diep in het bos. Maar je moet een paar uitdagingen overwinnen om daar te komen."

Felix was vastbesloten. "Wat voor uitdagingen?"

Kiki vertelde hem dat de eerste uitdaging een doolhof van hoge grasvelden was, waar alleen de slimste dieren hun weg konden vinden. "Als je door het doolhof komt, moet je een rivier oversteken met een magische brug die alleen verschijnt als je de juiste spreuk zegt."

Felix knikte vastberaden. "Ik ben klaar voor de uitdaging!"

Kiki gaf Felix een klein kaartje met aanwijzingen en wenste hem veel succes. Felix vervolgde zijn pad en vond al snel het doolhof. De hoge grasvelden waren zo dicht dat hij het pad nauwelijks kon zien. Maar Felix was slim en herinnerde zich de raad die Kiki hem had gegeven. Hij gebruikte zijn scherpe ogen en volgde de kaart, die hem leidde door het labyrint van gras.

Na wat leek op uren, maar in werkelijkheid slechts een paar minuten was, vond Felix eindelijk de uitgang van het doolhof. Hij was moegestreden maar blij. Nu moest hij de rivier oversteken. Bij de oever zag hij een glinsterende brug die over het water leek te zweven. Maar de brug was alleen zichtbaar als je de juiste spreuk zei, zoals Kiki had verteld.

Felix haalde diep adem en sprak de spreuk die hij op het kaartje had gelezen: "Glanzende brug, kom tevoorschijn, zodat ik veilig aan de overkant kan zijn." Meteen verscheen de brug, helder en stralend, en Felix kon veilig naar de andere kant lopen.

Toen hij aan de andere kant van de rivier kwam, vond Felix een magische tuin vol met de mooiste bloemen en fruitbomen die hij ooit had gezien. In het midden van de tuin stond een enorme gouden wortel die fonkelde in het zonlicht. Felix's hart sloeg een slag over van opwinding.

De Gouden Wortel was nog mooier dan hij zich had voorgesteld. Hij kon niet wachten om het te proeven. Maar voordat hij de wortel kon aanraken, verscheen er een vriendelijke oude kabouter. "Welkom, jonge avonturier," zei de kabouter met een warme glimlach. "Je hebt alle uitdagingen overwonnen en de tuin bereikt. Maar de wortel mag alleen worden genomen door degene die zijn hart heeft bewezen door goedheid en vriendelijkheid."

Felix knikte. "Ik heb altijd geprobeerd vriendelijk te zijn en anderen te helpen. Wat kan ik doen om te bewijzen dat mijn hart puur is?"

De kabouter vertelde hem dat hij iets goeds moest doen voor de dieren in het bos. "Als je kunt laten zien dat je om anderen geeft, dan mag je de Gouden Wortel meenemen."

Felix ging meteen aan de slag. Hij begon met het helpen van een jonge vogeltje dat uit zijn nest was gevallen. Daarna hielp hij een konijn met het vinden van zijn verloren wortels en gaf hij wat fruit aan een hongerige eekhoorn. Felix werkte hard en maakte de dieren in het bos gelukkig.

Toen hij klaar was met zijn goede daden, kwam hij terug naar de tuin en vertelde de kabouter over alles wat hij had gedaan. De kabouter knikte goedkeurend en zei: "Je hebt bewezen dat je hart puur en vol vriendelijkheid is. Je mag de Gouden Wortel meenemen."

Felix was dolblij en nam voorzichtig de wortel mee naar huis. Toen hij terugkwam in zijn dorp, werd hij verwelkomd als een held. De dorpsbewoners waren nieuwsgierig naar de Gouden Wortel en kwamen samen om het te zien.

Felix besloot de wortel te delen met iedereen in het dorp. Ze maakten een feest en de wortel werd gebruikt om een heerlijke maaltijd te bereiden. Het was de lekkerste wortel die ze ooit hadden geproefd, en het bracht vreugde en gelach aan iedereen die eraan deelnam.

Vanaf die dag werd Felix niet alleen herinnerd om zijn avontuurlijke geest, maar ook om zijn vriendelijkheid en vrijgevigheid. De Gouden Wortel was niet alleen een speciale wortel, maar het herinnerde de mensen eraan dat ware rijkdom niet in goud of magische voorwerpen zit, maar in de goedheid en de liefde die we delen met anderen.

Felix's Magical Carrot

In a cheerful and cozy village on the edge of an enchanted forest lived a young rabbit named Felix. Felix was not just any rabbit. He had a special passion for carrots and always dreamed of finding the most extraordinary carrot ever. He had tried many types of carrots, from crunchy orange ones to sweet purple ones, but there was always one carrot that eluded him: the legendary Golden Carrot.

According to an old tale that Felix often heard from the wise old owl in the forest, the Golden Carrot was hidden deep in the heart of the forest and would only become visible to those with the purest heart and the greatest determination. Felix was determined to find this carrot, not only because he wanted to taste the best carrot ever but also because he believed the carrot had magical properties.

On a clear and sunny morning, when the dew drops were still sparkling on the leaves and the birds were singing cheerfully, Felix prepared for his adventure. He packed some carrots and a bottle of water into his backpack and put on his bright green explorer's hat. With a determined look in his eyes, he stepped into the forest.

The forest was a wonderland of colors and sounds. The trees were tall and majestic, their branches seemed to kiss the sky, and the flowers colored the path with every hue imaginable. Felix hopped along merrily, following the winding path that led deeper into the forest. He wondered where the Golden Carrot might be and if he could handle the adventure.

After a while, Felix came to a babbling brook. The water was clear and sounded like a soothing melody. As he paused to take a drink, he saw a cute squirrel playing by the water. The squirrel was busy gathering nuts but stopped and looked curiously when she saw Felix.

"Hello!" said the squirrel cheerfully. "I'm Kiki. What brings you to our forest?"

"I'm looking for the Golden Carrot," Felix replied. "Have you heard anything about this carrot?"

Kiki's eyes sparkled with excitement. "The Golden Carrot! That's a legend I've often heard from my parents. They say it's hidden in a secret garden deep in the forest. But you have to overcome a few challenges to get there."

Felix was determined. "What kind of challenges?"

Kiki told him that the first challenge was a maze of tall grass fields, where only the cleverest animals could find their way. "Once you get through the maze, you have to cross a river with a magical bridge that only appears if you say the right spell."

Felix nodded resolutely. "I'm ready for the challenge!"

Kiki gave Felix a small card with directions and wished him good luck. Felix continued on his way and soon found the maze. The tall grass fields were so dense that he could barely see the path. But Felix was smart and remembered Kiki's advice. He used his sharp eyes and followed the map, which guided him through the maze of grass.

After what seemed like hours, but was actually just a few minutes, Felix finally found the exit of the maze. He was tired but happy. Now he had to cross the river. At the riverbank, he saw a shimmering bridge that seemed to float over the water. But the bridge was only visible if you said the right spell, just as Kiki had told him.

Felix took a deep breath and said the spell from the card: "Shining bridge, appear so I can safely cross to the other side." Immediately, the bridge appeared, bright and radiant, and Felix could walk safely to the other side.

When he reached the other side of the river, Felix found a magical garden full of the most beautiful flowers and fruit trees he had ever seen. In the center of the garden stood an enormous golden carrot that sparkled in the sunlight. Felix's heart skipped a beat with excitement.

The Golden Carrot was even more magnificent than he had imagined. He couldn't wait to taste it. But before he could touch the carrot, a friendly old gnome appeared. "Welcome, young adventurer," said the gnome with a warm smile. "You have overcome all the challenges and reached the garden. But the carrot may only be taken by those who have proven their heart through kindness and goodness."

Felix nodded. "I have always tried to be kind and help others. What can I do to prove that my heart is pure?"

The gnome told him that he needed to do something good for the animals in the forest. "If you can show that you care for others, then you may take the Golden Carrot."

Felix immediately got to work. He started by helping a young bird that had fallen out of its nest. Then he helped a rabbit find its lost carrots and gave some fruit to a hungry squirrel. Felix worked hard and made the animals in the forest happy.

When he finished his good deeds, he returned to the garden and told the gnome everything he had done. The gnome nodded approvingly and said, "You have proven that your heart is pure and full of kindness. You may take the Golden Carrot."

Felix was overjoyed and carefully took the carrot home. When he returned to his village, he was welcomed as a hero. The villagers were curious about the Golden Carrot and gathered to see it.

Felix decided to share the carrot with everyone in the village. They had a feast and the carrot was used to prepare a delicious meal. It was the tastiest carrot they had ever tasted, and it brought joy and laughter to everyone who participated.

From that day on, Felix was remembered not only for his adventurous spirit but also for his kindness and generosity. The Golden Carrot was not only a special carrot but also a reminder to people that true wealth is not in gold or magical objects but in the goodness and love we share with others.

De Stranddag van Bram en de Zandmonster

In het vrolijke stadje Zeehaven, waar de huizen felgekleurde daken hadden en de mensen altijd een glimlach op hun gezicht droegen, woonde een jongen genaamd Bram. Bram was een jongen met een levendige verbeelding en een enorme liefde voor avontuur. Op een zonnige ochtend, toen de lucht blauw en helder was en de zeelucht zoete beloftes van plezier bracht, besloot Bram dat het een perfecte dag was om naar het strand te gaan.

Bram was opgewonden toen hij zijn favoriete strandstoel, parasol, en zijn grote opblaasbare krokodil in de auto stopte. Zijn ouders waren al eerder vertrokken om een plekje op het strand te reserveren, en Bram kon niet wachten om hen te ontmoeten. Met zijn zonnebril op en een grote tas vol met snacks en speelgoed, reed hij met zijn ouders naar het strand.

Het strand was prachtig. Het gouden zand glinsterde in de zon en de golven rolden rustig naar de kust. Bram rende enthousiast naar het water en gaf zijn ouders een snelle knuffel voordat hij zijn zwemkleding aantrok. Maar net toen hij zijn voet in het koele water zette, merkte hij iets vreemds op. Er was een grote, merkwaardige hoop zand net voorbij de branding. Bram kon zijn ogen niet geloven: de hoop zand leek te bewegen!

"Dat kan niet waar zijn," fluisterde Bram tegen zichzelf terwijl hij dichterbij liep. Toen hij dichterbij kwam, zag hij iets dat zijn wildste dromen overtrof. De hoop zand kwam langzaam tot leven en vormde zich tot een echt zandmonster met grote ogen en een vriendelijke glimlach!

"Hallo daar!" zei het zandmonster met een diepe, roezige stem. "Ik ben Zander het Zandmonster. Wat brengt je naar mijn strand?"

Bram kon zijn ogen niet geloven. "Hallo, Zander! Ik ben Bram. Ik kwam gewoon naar het strand om een leuke dag te hebben, maar ik had nooit verwacht een echt zandmonster te ontmoeten!"

Zander glimlachte breed. "Nou, het lijkt erop dat je geluk hebt! Vandaag is een speciale dag voor mij. Ik krijg namelijk een bezoek van een oude vriend, maar ik kan niet op hem wachten zonder wat hulp. Zou je me willen helpen?"

Bram was meteen enthousiast. "Natuurlijk wil ik helpen! Wat moet ik doen?"

Zander vertelde Bram dat hij een oude vriend verwachtte, een bijzondere schelp genaamd Shellina die al een lange tijd op reis was geweest. "Shellina is een magische schelp die een prachtig lied kan zingen dat alle dieren van de oceaan gelukkig maakt. Ze zou hier vandaag moeten aankomen, maar ik heb haar nog niet gezien."

Bram vond het een geweldig idee om te helpen bij de zoektocht naar Shellina. Zander legde uit dat ze waarschijnlijk ergens op het strand zou zijn, verstopt tussen de grote stenen en schelpen. Samen begonnen Bram en Zander hun zoektocht naar de magische schelp.

Ze zochten onder de grote rotsen, tussen de zeewier en in de schaduw van de schelpen. Zander gebruikte zijn zandmagie om de grond te verplaatsen, terwijl Bram zijn beste speurneus inzette om de schelp te vinden. Ze keken overal, maar Shellina was nergens te vinden.

Na een tijdje begon Bram zich zorgen te maken. "Wat als we haar niet kunnen vinden? Wat als we te laat zijn?"

Zander keek geruststellend. "Maak je geen zorgen, Bram. We hebben nog tijd en we moeten gewoon blijven zoeken. De oceaan is een grote plek, maar we zullen Shellina vinden."

Terwijl ze verder zochten, vertelde Zander verhalen over de oceaan en zijn avonturen met Shellina. Bram luisterde gefascineerd naar de verhalen en werd steeds enthousiaster over de zoektocht. Zander vertelde hoe Shellina ooit een melodie had gezongen die de hele oceaan had verlicht en hoe ze altijd de beste feesten organiseerde voor de zeedieren.

Plotseling zag Bram iets glinsteren onder een grote rots. Hij riep enthousiast: "Kijk daar! Iets glinstert onder die rots!" Ze duwden de rots opzij en tot hun grote vreugde vonden ze Shellina, de magische schelp, stralend en glinsterend in het zonlicht.

"Shellina!" riep Zander blij. "Je hebt het gehaald! Ik ben zo blij je weer te zien!"

Shellina glimlachte en vertelde dat ze een avontuurlijke reis had gemaakt door de oceaan en veel had geleerd over de diepste geheimen van de zee. Ze was blij om terug te zijn en klaar om haar magische lied te zingen voor de dieren van de oceaan.

Bram en Zander brachten Shellina naar een open plek op het strand, waar de zeewateren rustig klotsten en de lucht gevuld was met de geur van zeewier en zout. Shellina begon te zingen, en haar lied vulde de lucht met een betoverende melodie die de golven liet dansen en de vogels liet fluiten. De oceaan leek tot leven te komen met de magie van Shellina's lied.

Bram was ontroerd door de schoonheid van het lied. Het leek alsof de hele wereld even stil stond om te luisteren. De dieren van de oceaan kwamen nieuwsgierig dichterbij om het lied te horen. Dolfijnen sprongen blij uit het water, zeesterren dansten op de golven en zelfs de zeeschildpadden kwamen langs om te luisteren.

Nadat Shellina haar lied had gezongen, bedankten alle dieren Bram en Zander voor hun hulp. Ze waren dankbaar dat de magie van Shellina weer op hun strand was en dat de oceaan weer vol vreugde was.

Zander keek naar Bram en zei: "Dank je wel voor je hulp, Bram. Je hebt niet alleen Shellina gevonden, maar ook de vreugde en magie van onze oceaan hersteld. Je bent een echte avonturier!"

Bram glunderde van trots. "Het was een geweldige dag, Zander. Bedankt dat je me hebt laten helpen. Ik heb zoveel geleerd en plezier gehad."

Zander en Shellina gaven Bram een klein geschenk als herinnering aan hun avontuur: een prachtige schelp met de kleuren van de regenboog. "Deze schelp zal je herinneren aan de magie van de oceaan en de vrienden die je hebt gemaakt," zei Shellina met een glimlach.

Bram bedankte hen en nam afscheid. Terwijl hij terugliep naar zijn ouders, voelde hij een warme glimlach op zijn gezicht. De zon begon te zakken en de lucht kleurde in prachtige tinten van roze en oranje. Bram wist dat dit avontuur iets heel bijzonders was en dat hij een herinnering had gemaakt die hij voor altijd zou koesteren.

Toen Bram zijn ouders weer vond, vertelde hij hen enthousiast over zijn avontuur met Zander en Shellina. Zijn ouders waren verbaasd en blij om te horen over de bijzondere dag die Bram had gehad. Ze besloten samen nog even van de zonsondergang te genieten en het strandfeest voort te zetten met een picknick onder de sterrenhemel.

De herinnering aan de bijzondere dag met de zandmonster en de magische schelp bleef bij Bram als een gekoesterde schat. Hij leerde dat avontuur vaak op de meest onverwachte plekken te vinden is en dat de ware magie in het delen van vreugde en het maken van nieuwe vrienden zit.

En zo eindigde de stranddag van Bram en de Zandmonster. Het avontuur had hem niet alleen een bijzondere ervaring gegeven, maar ook een waardevolle les over vriendschap en de schoonheid van de oceaan. Bram keek uit naar meer avonturen in de toekomst, wetende dat er altijd iets magisch te ontdekken valt als je je hart openstelt voor nieuwe ervaringen.

Bram's Beach Day and the Sand Monster

In the cheerful and colorful town of Seaside, where the houses had brightly colored roofs and people always wore smiles on their faces, lived a boy named Bram. Bram was a boy with a vivid imagination and a huge love for adventure. On a sunny morning, when the sky was blue and clear and the sea breeze promised fun, Bram decided it was a perfect day to go to the beach.

Excitedly, Bram packed his favorite beach chair, umbrella, and large inflatable crocodile into the car. His parents had already left to reserve a spot on the beach, and Bram couldn't wait to join them. With his sunglasses on and a big bag full of snacks and toys, he drove to the beach with his parents.

The beach was beautiful. The golden sand sparkled in the sun and the waves gently rolled to the shore. Bram ran enthusiastically towards the water and gave his parents a quick hug before changing into his swimwear. But just as he dipped his foot into the cool water, he noticed something strange. There was a large, peculiar mound of sand just past the surf. Bram couldn't believe his eyes: the sand mound seemed to be moving!

"That can't be real," Bram whispered to himself as he approached. As he got closer, he saw something that surpassed his wildest dreams. The sand mound slowly came to life and formed into a real sand monster with big eyes and a friendly smile!

"Hello there!" said the sand monster in a deep, gruff voice. "I'm Zander the Sand Monster. What brings you to my beach?"

Bram couldn't believe his eyes. "Hello, Zander! I'm Bram. I just came to the beach for a fun day, but I never expected to meet a real sand monster!"

Zander grinned widely. "Well, it seems you're in luck! Today is a special day for me. I'm expecting a visit from an old friend, but I can't wait for her without some help. Would you be willing to assist?"

Bram was immediately excited. "Of course I'd like to help! What should I do?"

Zander explained that he was expecting an old friend, a magical shell named Shellina, who had been on a long journey. "Shellina is a magical shell that can sing a beautiful song that makes all the ocean animals happy. She should be arriving today, but I haven't seen her yet."

Bram thought it was a fantastic idea to help find Shellina. Zander explained that she was probably somewhere on the beach, hidden among the large rocks and shells. Together, Bram and Zander began their search for the magical shell.

They looked under the big rocks, among the seaweed, and in the shadow of the shells. Zander used his sand magic to move the ground, while Bram used his best detective skills to find the shell. They searched everywhere, but Shellina was nowhere to be found.

After a while, Bram began to worry. "What if we can't find her? What if we're too late?"

Zander looked reassuring. "Don't worry, Bram. We still have time, and we just need to keep looking. The ocean is a big place, but we will find Shellina."

As they continued searching, Zander told Bram stories about the ocean and his adventures with Shellina. Bram listened fascinated and became more excited about the search. Zander spoke about how Shellina had once sung a melody that illuminated the entire ocean and how she always organized the best parties for the sea creatures.

Suddenly, Bram spotted something glimmering under a large rock. He called out excitedly, "Look over there! Something is shining under that rock!" They pushed the rock aside, and to their great delight, they found Shellina, the magical shell, sparkling in the sunlight.

"Shellina!" Zander called out joyfully. "You made it! I'm so glad to see you again!"

Shellina smiled and shared that she had been on an adventurous journey through the ocean and had learned many of the ocean's deepest secrets. She was happy to be back and ready to sing her magical song for the ocean animals.

Bram and Zander brought Shellina to an open spot on the beach, where the sea waters gently lapped and the air was filled with the scent of seaweed and salt. Shellina began to sing, and her song filled the air with an enchanting melody that made the waves dance and the birds chirp. The ocean seemed to come alive with the magic of Shellina's song.

Bram was moved by the beauty of the song. It felt as if the whole world paused for a moment to listen. The ocean animals came closer, curious to hear the song. Dolphins jumped happily from the water, starfish danced on the waves, and even the sea turtles came by to listen.

After Shellina finished her song, all the animals thanked Bram and Zander for their help. They were grateful that Shellina's magic was back on their beach and that the ocean was once again filled with joy.

Zander looked at Bram and said, "Thank you for your help, Bram. You not only found Shellina but also restored the joy and magic of our ocean. You are a true adventurer!"

Bram beamed with pride. "It was an amazing day, Zander. Thank you for letting me help. I learned so much and had a great time."

Zander and Shellina gave Bram a small gift as a keepsake of their adventure: a beautiful shell with rainbow colors. "This shell will remind you of the magic of the ocean and the friends you made," Shellina said with a smile.

Bram thanked them and said goodbye. As he walked back to his parents, he felt a warm smile on his face. The sun began to set, and the sky turned into beautiful shades of pink and orange. Bram knew that this adventure was something very special and that he had made a memory he would cherish forever.

When Bram found his parents again, he excitedly told them about his adventure with Zander and Shellina. His parents were amazed and happy to hear about the special day Bram had experienced. They decided to enjoy the sunset together and continue the beach party with a picnic under the starry sky.

The memory of the special day with the sand monster and the magical shell remained with Bram as a treasured gem. He learned that adventure is often found in the most unexpected places and that true magic lies in sharing joy and making new friends.

And so ended Bram's beach day with the Sand Monster. The adventure had not only given him a unique experience but also a valuable lesson in friendship and the beauty of the ocean. Bram looked forward to more adventures in the future, knowing that there is always something magical to discover when you open your heart to new experiences.

De Fantastische Vondst van Bart de Avonturier

In het rustige dorpje Haringhuizen, waar de huizen gezellig dicht bij elkaar stonden en de kinderen vaak buiten speelden, woonde een jongen met de naam Bart. Bart was een gewone jongen met een buitengewone fantasie. Hij hield van avontuur, geheimen en vooral van alles wat een beetje vreemd en spannend was. Bart had een oude, maar geheime schuilplek in de tuin van zijn grootouders, waar hij urenlang zijn tijd doorbracht met het onderzoeken van verborgen schatten en het verzinnen van spannende verhalen.

Op een dag, terwijl de zon stralend aan de hemel stond en de lucht gevuld was met het gelach van spelende kinderen, ontdekte Bart iets wat zijn avontuur zou veranderen. Hij was aan het graven in de tuin van zijn grootouders, op zoek naar een verloren schat die hij had gelezen in een oude legende, toen zijn schep iets hards raakte. Bart stopte onmiddellijk met graven en keek met grote ogen naar de grond. Was dit eindelijk de legendarische schat waar hij altijd van had gedroomd?

Zijn hart klopte sneller van opwinding toen hij de aarde voorzichtig wegveegde en een oude, roestige kist ontdekte. De kist was bedekt met een dunne laag aarde en bladeren, en het leek alsof het al eeuwenlang verborgen was. Bart kon zijn nieuwsgierigheid niet bedwingen en trok de kist met alle kracht naar boven. Met een grote kraak opende hij de kist, en binnenin zag hij iets glinsteren dat zijn verbeelding te boven ging.

De kist was gevuld met allerlei vreemde en prachtige voorwerpen: een gouden kompas, een paar schitterende edelstenen, een antiek boek met mysterieuze symbolen, en iets dat leek op een oude schatkaart. Bart was opgewonden. Dit was niet zomaar een schat; het leek een echt avontuur te zijn!

Met de schatkaart in zijn handen en het gouden kompas om zijn nek, besloot Bart om de schat te vinden die de kaart beloofde. Hij kon niet wachten om te ontdekken wat er nog meer verborgen was. Hij vertelde zijn grootouders over zijn vondst, en hoewel ze een beetje sceptisch waren, waren ze ook enthousiast. "Ga op je avontuur, Bart," zei zijn opa met een knipoog. "En vergeet niet om ons te vertellen hoe het gaat!"

Bart vertrok op zijn avontuur met de schatkaart en het kompas. De kaart leidde hem door de bossen, over de heuvels en langs een kabbelend beekje. Elke stap bracht hem dichter bij de mysterieuze locatie die de kaart leek aan te duiden. Onderweg kwam hij allerlei vreemde dingen tegen: een pratende eekhoorn die hem een raadsel gaf, een groep dansende muizen die een feest hielden, en zelfs een kabouter die zijn hoed kwijt was.

Bart vond alles even fascinerend en vol avontuur. De pratende eekhoorn vertelde hem dat hij het raadsel moest oplossen om verder te komen. "Wat komt elke avond maar nooit vroeg? De zon, de maan, of de sterren?" vroeg de eekhoorn met een glimlach.

Bart dacht diep na en riep toen uit: "De nacht! Het antwoord is de nacht!" De eekhoorn knikte goedkeurend en liet hem doorgaan. De dansende muizen zongen een vrolijk lied voor Bart, en de kabouter bedankte hem hartelijk voor het vinden van zijn hoed.

Na een lange dag van avontuur en ontdekkingen kwam Bart eindelijk bij een oude, vervallen molen die op de kaart stond gemarkeerd. De molen leek al heel lang verlaten, maar Bart was vastbesloten om verder te zoeken. Hij opende de zware deur en stapte voorzichtig naar binnen. Binnen was het donker en stoffig, maar Bart kon een zwak licht zien dat vanuit een oude trap omhoog scheen.

Met elke stap die hij omhoog ging, groeide zijn opwinding. Bovenaan de trap vond hij een kleine kamer met een ouderwetse kist in het midden. De kist zag er nog ouder uit dan de eerste, en Bart kon niet wachten om te zien wat erin zat. Met een beetje moeite opende hij de kist en vond iets dat zijn adem beneemde.

In de kist lag een prachtig juweel dat schitterde in alle kleuren van de regenboog. Het was een gigantische, briljant geslepen edelsteen die in het licht van de kamer straalde. Bart pakte het juweel voorzichtig op en voelde de magie ervan. Dit was de schat waar de oude kaart naar verwees!

Maar er was iets wat Bart nog meer opvrolijkte. Naast het juweel lag een brief, geschreven in een sierlijk handschrift. Bart opende de brief en las:

"Gefeliciteerd, jonge avonturier! Je hebt de schat gevonden die al eeuwenlang verborgen is geweest. Deze edelsteen is een symbool van moed en nieuwsgierigheid. De echte waarde van deze schat ligt niet alleen in het juweel, maar in de avonturen en ontdekkingen die je hebt beleefd om het te vinden. Gebruik deze schat goed en laat je verbeelding altijd de vrije loop. Met vriendelijke groet, de Ontdekker."

Bart voelde een warme gloed van trots en vreugde. Het avontuur dat hij had beleefd was veel meer dan hij zich ooit had voorgesteld. De schat was een beloning voor zijn nieuwsgierigheid en doorzettingsvermogen, en de herinneringen die hij had gemaakt waren van onschatbare waarde.

Met het juweel en de brief in zijn handen, ging Bart terug naar zijn grootouders om hen alles te vertellen. Zijn opa en oma waren enorm trots op hem en luisterden met open mond naar zijn verhalen over de pratende eekhoorn, de dansende muizen en de kabouter.

Ze vierden zijn avontuur met een groot feest, waarbij Bart zijn vondst en verhalen deelde met al zijn vrienden en buren. Iedereen was onder de indruk van Bart's moed en nieuwsgierigheid, en het feest werd een herinnering die ze nooit zouden vergeten.

Die avond, terwijl Bart in bed lag en naar het geluid van de nachtelijke kreken luisterde, voelde hij zich gelukkig en voldaan. Hij wist dat dit avontuur niet het einde was, maar slechts het begin van vele meer. Met zijn verbeelding en nieuwsgierigheid als gids, zou Bart altijd op zoek blijven naar nieuwe ontdekkingen en spannende verhalen.

En zo eindigde het avontuur van Bart de Avonturier. De jonge jongen had een fantastische vondst gedaan, maar het grootste avontuur van allemaal was de reis zelf en de lessen die hij onderweg had geleerd. Bart sliep met een glimlach op zijn gezicht, klaar voor de volgende geweldige ontdekking.

Bart the Adventurer's Fantastic Find

In the quiet village of Haringhuizen, where the houses were cozy and close together, and the children often played outside, lived a boy named Bart. Bart was an ordinary boy with an extraordinary imagination. He loved adventure, secrets, and especially anything that was a bit strange and exciting. Bart had an old, secret hideout in his grandparents' garden, where he spent hours digging for hidden treasures and spinning thrilling tales.

One sunny day, when the sky was as clear as ever and the air was filled with the laughter of playing children, Bart stumbled upon something that would change his adventure. He was digging in his grandparents' garden, searching for a lost treasure he had read about in an old legend, when his shovel hit something hard. Bart stopped digging immediately and looked at the ground with wide eyes. Was this finally the legendary treasure he had always dreamed of?

His heart raced with excitement as he carefully brushed away the dirt and discovered an old, rusty chest. The chest was covered with a thin layer of soil and leaves, and it seemed like it had been hidden for centuries. Unable to contain his curiosity, Bart pulled the chest up with all his strength. With a great creak, he opened it, and inside, he saw something glittering that exceeded his imagination.

The chest was filled with all sorts of strange and wonderful items: a golden compass, a few sparkling gemstones, an antique book with mysterious symbols, and something that looked like an old treasure map. Bart was thrilled. This was not just any treasure; it seemed to be a real adventure!

With the treasure map in hand and the golden compass around his neck, Bart decided to find the treasure that the map promised. He couldn't wait to discover what else was hidden. He told his grandparents about his find, and although they were a bit skeptical, they were also excited. "Go on your adventure, Bart," said his grandfather with a wink. "And don't forget to tell us how it goes!"

Bart set off on his adventure with the treasure map and the compass. The map led him through the woods, over hills, and along a babbling brook. Every step brought him closer to the mysterious location marked on the map. Along the way, he encountered all sorts of strange things: a talking squirrel who gave him a riddle, a group of dancing mice having a party, and even a gnome who had lost his hat.

Bart found everything fascinating and full of adventure. The talking squirrel told him he had to solve the riddle to continue. "What comes every evening but never early? The sun, the moon, or the stars?" asked the squirrel with a smile.

Bart thought deeply and then exclaimed, "The night! The answer is the night!" The squirrel nodded approvingly and let him proceed. The dancing mice sang a cheerful song for Bart, and the gnome thanked him warmly for finding his hat.

After a long day of adventure and discoveries, Bart finally arrived at an old, dilapidated windmill marked on the map. The windmill looked like it had been abandoned for a long time, but Bart was determined to search further. He opened the heavy door and stepped inside carefully. It was dark and dusty inside, but Bart could see a faint light coming from an old staircase leading up.

With every step he took up the stairs, his excitement grew. At the top, he found a small room with an old chest in the center. The chest looked even older than the first one, and Bart couldn't wait to see what was inside.

With a bit of effort, he opened the chest and found something that took his breath away.

Inside the chest lay a magnificent jewel that shimmered in all the colors of the rainbow. It was a huge, brilliantly cut gemstone that sparkled in the light of the room. Bart carefully picked up the jewel and felt its magic. This was the treasure the old map had pointed to!

But what delighted Bart even more was something else. Next to the jewel lay a letter written in elegant handwriting. Bart opened the letter and read:

"Congratulations, young adventurer! You have found the treasure that has been hidden for centuries. This jewel is a symbol of bravery and curiosity. The real value of this treasure lies not only in the jewel but in the adventures and discoveries you have experienced to find it. Use this treasure wisely and always let your imagination run wild. Sincerely, The Discoverer."

Bart felt a warm glow of pride and joy. The adventure he had experienced was much more than he had ever imagined. The treasure was a reward for his curiosity and perseverance, and the memories he had made were priceless.

With the jewel and the letter in hand, Bart returned to his grandparents to tell them everything. His grandparents were immensely proud of him and listened with wide eyes to his stories about the talking squirrel, the dancing mice, and the gnome.

They celebrated his adventure with a grand party, where Bart shared his find and stories with all his friends and neighbors. Everyone was impressed by Bart's courage and curiosity, and the party became a memory they would never forget.

That evening, as Bart lay in bed and listened to the sounds of the night's creaks, he felt happy and fulfilled. He knew that this adventure was not the end but merely the beginning of many more. With his imagination and curiosity as his guide, Bart would always be on the lookout for new discoveries and thrilling stories.

And so ended the adventure of Bart the Adventurer. The young boy had made a fantastic find, but the greatest adventure of all was the journey itself and the lessons he had learned along the way. Bart fell asleep with a smile on his face, ready for the next great discovery.

De Winderige Picknick Avonturen van Pepijn en Pippa

Het was een prachtige lenteochtend in het dorpje Windekind. De vogels floten vrolijke melodieën en de bloemen bloeiden in alle kleuren van de regenboog. Pepijn en zijn kleine zusje Pippa hadden besloten om een picknick te houden in het park, een plan dat ze al de hele week aan het voorbereiden waren.

"Mama, we nemen de grote picknickmand mee!" riep Pepijn enthousiast, terwijl hij zijn rugzak volstopte met lekkernijen. Pippa huppelde rond, met haar lievelingsbeer onder haar arm geklemd.

"Ja, en we moeten de vliegers niet vergeten!" zei Pippa, terwijl ze haar kleine handjes in de lucht zwaaide.

"Mama, papa, we gaan!" riep Pepijn toen ze eindelijk klaar waren. Hun ouders zwaaiden hen uit met een glimlach, terwijl ze zagen hoe hun kinderen naar het park renden.

Het park was prachtig. Bomen zwaaiden zachtjes in de wind en een groot veld van groene grasvelden strekte zich uit zover het oog kon zien. Pepijn en Pippa vonden een perfecte plek onder een grote eikenboom, die schaduw bood en een mooi uitzicht op het meer had.

"Dit is de perfecte plek voor onze picknick!" zei Pepijn, terwijl hij de picknickmand neerzette en de deken uitrolde. Ze zetten alles netjes neer: broodjes, fruit, sapjes en zelfs een paar koekjes die mama had gebakken.

Maar net toen ze begonnen te genieten van hun maaltijd, begon de wind harder te waaien. Wat begon als een lichte bries, werd al snel een krachtige windvlaag die alles wat los zat meevoerde.

"Pepijn, kijk uit!" gilde Pippa toen haar hoedje van haar hoofd werd geblazen en de lucht in vloog. Pepijn sprong op en rende achter het hoedje aan, maar de wind was te snel. Het hoedje vloog hoger en hoger, totdat het helemaal uit het zicht verdween.

"Wat een wind!" zei Pepijn, terwijl hij terugkwam en zijn hoofd schudde. "Het lijkt wel alsof de wind met ons wil spelen."

Plotseling vlogen ook hun vliegers, die netjes naast de picknickmand lagen, de lucht in. "Nee, niet onze vliegers!" riep Pippa. Maar in plaats van verdrietig te zijn, lachte ze. "Laten we ze vangen!"

En zo begon hun avontuur. Pepijn en Pippa renden door het park, achter de vliegers aan die door de wind werden meegesleurd. Ze kwamen langs allerlei grappige en verrassende dingen.

Eerst kwamen ze langs een groep eenden die in een rijtje liepen alsof ze een parade hielden. "Quak, quak!" riepen de eenden, en Pepijn en Pippa lachten hardop. De eenden leken net soldaten in een mars, en Pippa deed alsof ze de leider was en marcheerde vrolijk mee.

Vervolgens zagen ze een grote ballon die aan een tak was blijven hangen. De ballon was in de vorm van een grote, rode olifant en bungelde heen en weer in de wind. Pepijn klom voorzichtig de boom in en haalde de ballon naar beneden. "Kijk eens wat we gevonden hebben!" zei hij trots.

Terwijl ze verder liepen, merkten ze iets bijzonders op. De wind leek hen naar een speciale plek te leiden, een plek die ze nog nooit eerder hadden gezien. Achter een rij hoge struiken vonden ze een prachtige, verborgen tuin. In het midden van de tuin stond een oude, stenen fontein die zachtjes klaterde. De wind was hier rustiger en de bloemen bloeiden uitbundig.

"Wauw, deze plek is magisch," fluisterde Pippa, terwijl ze rondkeek. "Het is alsof de wind ons hierheen heeft gebracht."

Ze besloten om hun picknick hier voort te zetten. Ze spreidden de deken weer uit en haalden hun eten tevoorschijn. Terwijl ze aten, merkten ze dat er iets vreemds gebeurde. De wind had de takken van de bomen rond de tuin in een cirkel gedraaid, waardoor het leek alsof ze in een natuurlijke tent zaten.

Pepijn en Pippa genoten van hun maaltijd en luisterden naar het zachte geluid van de fontein. "Dit is de beste picknick ooit," zei Pepijn met een grote glimlach.

Maar het avontuur was nog niet voorbij. Plotseling hoorden ze een zacht gebrom. Het was een kleine, pluizige eekhoorn die nieuwsgierig naar hun picknickmand keek. "Hallo daar, kleine vriend," zei Pippa vriendelijk. De eekhoorn keek hen aan met grote, glanzende ogen en sprong toen speels rond.

De eekhoorn bracht hen naar een kleine hoek van de tuin waar ze iets ongelooflijks vonden: een oud, versierd doosje dat half in de grond begraven lag. Pepijn en Pippa groeven het doosje uit en openden het voorzichtig. Binnenin vonden ze een verzameling prachtige stenen en een klein boekje.

Het boekje was gevuld met verhalen over de magische tuin en de avonturen van andere kinderen die hier ooit waren geweest. "Dit is geweldig!" riep Pepijn uit. "We hebben een echte schat gevonden!"

Terwijl ze het boekje doorbladerden, voelden ze zich verbonden met de andere avonturiers die deze plek hadden ontdekt. De verhalen inspireerden hen en vulden hun hoofden met nieuwe ideeën voor toekomstige avonturen.

De zon begon langzaam onder te gaan en de wind werd zachter. Pepijn en Pippa pakten hun spullen in, maar ze wisten dat deze dag voor altijd in hun herinnering zou blijven. Ze bedankten de tuin en de wind voor het geweldige avontuur en gingen hand in hand naar huis, hun hart gevuld met vreugde en hun hoofd vol nieuwe dromen.

Bij thuiskomst vertelden ze hun ouders alles over hun dag, van de vliegers tot de verborgen tuin en de magische schat. Hun ouders luisterden met verwondering en trots. "Jullie hebben vandaag een echt avontuur beleefd," zei hun moeder. "We zijn zo trots op jullie."

Die nacht, terwijl Pepijn en Pippa in hun bedden lagen, dachten ze terug aan hun winderige picknickavontuur. Ze droomden over nieuwe ontdekkingen en spannende avonturen die nog voor hen lagen. En ze wisten zeker dat ze altijd zouden blijven zoeken naar het magische en onverwachte in het leven.

En zo eindigde de winderige picknickavonturen van Pepijn en Pippa, twee kinderen met een grote nieuwsgierigheid en een nog grotere fantasie. Ze hadden geleerd dat de wind, net als het leven, vol verrassingen zat, en dat elke dag een nieuw avontuur kon zijn als je maar durfde te dromen en te ontdekken.

The Windy Picnic Adventures of Pepijn and Pippa

It was a beautiful spring morning in the village of Windekind. Birds sang cheerful melodies, and flowers bloomed in all the colors of the rainbow. Pepijn and his little sister Pippa had decided to have a picnic in the park, a plan they had been preparing for all week.

"Mama, we're taking the big picnic basket!" Pepijn shouted excitedly as he stuffed his backpack with treats. Pippa skipped around, clutching her favorite teddy bear under her arm.

"Yes, and we mustn't forget the kites!" said Pippa, waving her tiny hands in the air.

"Mama, Papa, we're going!" Pepijn called out once they were finally ready. Their parents waved them off with a smile as they watched their children run to the park.

The park was beautiful. Trees swayed gently in the wind, and a large expanse of green fields stretched out as far as the eye could see. Pepijn and Pippa found a perfect spot under a big oak tree that offered shade and a lovely view of the lake.

"This is the perfect place for our picnic!" said Pepijn as he set down the picnic basket and rolled out the blanket. They neatly arranged everything: sandwiches, fruit, juices, and even a few cookies that Mama had baked.

But just as they started to enjoy their meal, the wind began to blow harder. What started as a light breeze quickly turned into a strong gust that carried away anything that wasn't secured.

"Pepijn, watch out!" Pippa screamed as her hat flew off her head and into the air. Pepijn jumped up and ran after the hat, but the wind was too fast. The hat flew higher and higher until it was completely out of sight.

"What a wind!" Pepijn said, shaking his head as he returned. "It feels like the wind wants to play with us."

Suddenly, their kites, which had been lying neatly next to the picnic basket, took off into the air. "No, not our kites!" cried Pippa. But instead of being sad, she laughed. "Let's catch them!"

And so their adventure began. Pepijn and Pippa ran through the park, chasing after the kites that were being swept away by the wind. They encountered all sorts of funny and surprising things along the way.

First, they came across a group of ducks marching in a row as if they were in a parade. "Quack, quack!" the ducks called, and Pepijn and Pippa laughed out loud. The ducks looked just like soldiers on a march, and Pippa pretended to be the leader and marched along happily.

Next, they saw a big balloon caught on a branch. The balloon was shaped like a big red elephant and swayed back and forth in the wind. Pepijn carefully climbed the tree and brought the balloon down. "Look what we've found!" he said proudly.

As they walked further, they noticed something special. The wind seemed to be guiding them to a special place, a place they had never seen before. Behind a row of tall bushes, they found a beautiful hidden garden. In the middle of the garden stood an old stone fountain gently bubbling. The wind was calmer here, and the flowers bloomed abundantly.

"Wow, this place is magical," Pippa whispered as she looked around. "It's like the wind brought us here."

They decided to continue their picnic here. They spread the blanket again and brought out their food. As they ate, they noticed something strange. The wind had twisted the branches of the trees around the garden into a circle, making it look like they were sitting in a natural tent.

Pepijn and Pippa enjoyed their meal and listened to the soft sound of the fountain. "This is the best picnic ever," Pepijn said with a big smile.

But the adventure wasn't over yet. Suddenly, they heard a soft hum. It was a small, fluffy squirrel curiously looking at their picnic basket. "Hello there, little friend," Pippa said kindly. The squirrel looked at them with big, shiny eyes and then playfully jumped around.

The squirrel led them to a small corner of the garden where they found something incredible: an old, decorated box half-buried in the ground. Pepijn and Pippa dug up the box and carefully opened it. Inside, they found a collection of beautiful stones and a small book.

The book was filled with stories about the magical garden and the adventures of other children who had been there before. "This is amazing!" Pepijn exclaimed. "We've found a real treasure!"

As they flipped through the book, they felt connected to the other adventurers who had discovered this place. The stories inspired them and filled their heads with new ideas for future adventures.

The sun began to set, and the wind grew softer. Pepijn and Pippa packed up their things, but they knew that this day would stay in their memories forever. They thanked the garden and the wind for the wonderful adventure and walked home hand in hand, their hearts filled with joy and their heads full of new dreams.

At home, they told their parents everything about their day, from the kites to the hidden garden and the magical treasure. Their parents listened with amazement and pride. "You have had a real adventure today," their mother said. "We are so proud of you."

That night, as Pepijn and Pippa lay in their beds, they thought back to their windy picnic adventure. They dreamed of new discoveries and exciting adventures that lay ahead. And they knew for sure that they would always look for the magical and unexpected in life.

And so ended the windy picnic adventures of Pepijn and Pippa, two children with great curiosity and even greater imagination. They had learned that the wind, like life, was full of surprises, and that every day could be a new adventure if you dared to dream and explore.